I0751296

GILLES AÉRONAUTE,

OU

L'AMÉRIQUE N'EST PAS LOIN,

Comédie-parade, en un acte, mêlée de Vaudevilles.

PAR LES CITOYENS ARMAND-GOUFFÉ, BUHAN ET DESFOUGERAIS.

Représentée pour la première fois sur le théâtre du Vaudeville, le 6 thermidor an 7 de la république française.

PARIS,
DE L'IMPRIMERIE DE LOGEROT, VIS-A-VIS LA PLACE VENDOME.

PERSONNAGES.

	Artistes.
	Cens, et Cennes.
CASSANDRE, maître d'école d'Anières.	LENOBLE.
Mlle. CASSANDRE, sa sœur, nécromancienne.	DUCHAUME.
COLOMBINE, fille de Cassandre.	FLEURY.
ARLEQUIN, jardinier chez Me. Orphise.	DELAPORTE.
GILLES.	CARPENTIER.
ORPHISE.	AUBERT.
DERVAL, cousin d'Orphise.	JULIEN.
Un ménétrier parlant.	
Plusieurs ménétriers.	
Chœur de paysans et de paysannes.	

La scène est à Anières, dans le parc d'Orphise.

Cette bluette, dont le départ de l'astronome Lalande avec le physicien Blanchard, nous a fourni le sujet, a été composée à la hâte et apprise en trente-six heures. Nous ne doutons pas que l'indulgence avec laquelle le public l'a accueillie, ne soit principalement due à la circonstance et au zèle ainsi qu'aux talens des artistes du Vaudeville.

COUPLET D'ANNONCE.

Air : *d'Arlequin afficheur.*

Tandis que de grands voyageurs
Vont au loin faire un grand voyage,
Gilles, avec de petits auteurs
Fait un petit pélerinage.
Ceux-là cherchent d'autres climats :
Notre Gilles est moins difficile ;
Cependant il ne voudrait pas
Tomber..... au Vaudeville.

GILLES AERONAUTE,

Comédie-parade, en un acte, mêlée de Vaudevilles.

Le théâtre représente une partie du parc d'Orphise ; on voit d'un côté de la scène un orchestre disposé de manière à ne laisser voir que de profil des ménétriers qui sont supposés jouer pour des danseurs placés dans la coulisse.

SCÈNE PREMIÈRE.

Quand la toile se lève la scène et l'orchestre sont vides ; on entend dans les coulisses et du côté de l'orchestre ce qui suit :

CHŒUR.

FIN DE L'AIR : *Et Babet de sa main.*

Enfin,
Plus de chagrin,
Pour l'heureux arlequin ;
Célébrons son destin
En buvant tout son vin.

(On entend appeler.)

CASSANDRE.

Ma sœur!

ARLEQUIN.

Ma tante!

UNE VOIX.

Mademoiselle Cassandre.

CASSANDRE.

Ma fille!

ARLEQUIN.

Ma femme.

(COLOMBINE *et Mlle.* CASSANDRE *paraissent.*)

Mlle. CASSANDRE, *d'un air égaré.*

Laissez-moi.... laissez-moi!

COLOMBINE.

Mais, ma tante Cassandre....

Mlle. CASSANDRE.

Eh... laissez-moi, vous dis-je... toutes ces fêtes m'importunent.... vous avez de quoi rire et danser vous autres.... tu viens d'épouser ton Arlequin, toi.... et voilà mon Gilles en l'air.

COLOMBINE.

Que voulez-vous dire?

Mlle. CASSANDRE.

Ce que j'avais prédit.... que je n'en retiendrai pas un.... ne voilà-t-il pas que Gilles, le dernier ouvrier de la flotte aérienne, s'avise... tiens ! lis sa lettre.

COLOMBINE, *lisant.*

AIR *des Visitandines.*

Un savant qui se met en route
Me prit comme simple ouvrier,
Mais aujourd'hui, sans qu'il s'en doute,
Je veux lui servir de courrier : (bis.)
A sa flotte aérostatique
Pour préparer chaque relai,
Ce soir, dans un ballon d'essai,
Je le précède en Amérique.

Mlle. CASSANDRE.

Le traître ! Je prédis que je ne le verrai plus.

COLOMBINE.

Toujours vos éternelles prédictions ! La flotte part bien, pourquoi ne reviendrait-elle pas ?

Même Air.

Elle a pour guide un habile homme
Qui vingt fois maîtrisa le vent,
Et le plus célèbre astronome
Qui soit du couchant au levant ; (bis)

Jusqu'aux astres, sans conséquence,
Tous deux ils peuvent s'élever,
Bien certains de s'y retrouver
dans un pays de connaissance.

Mlle. CASSANDRE.

Quelle honte pour moi! ...... Il s'était amouraché de vous, petit serpent!

AIR : *J'ai vu la meunière.*

Les hommes nous trompent souvent,
Mais ce dont j'endève,
C'est de voir que mon propre sang,
Ma nièce, m'enlève un amant.....

COLOMBINE.

Moi! je vous l'enlève!
Eh! non, c'est le vent.

Mlle CASSANDRE.

Pardonnez-moi, mademoiselle, c'est vous-même.

COLOMBINE.

Mais je l'aimais si peu que j'ai consenti à épouser Arlequin, aussitôt que ma marraine l'a fait venir à Anières pour être son jardinier.

Melle. CASSANDRE.

Arlequin! Arlequin!

AIR : *Du vaudeville de Claudine.*

Pareille à l'autre Cassandre
Dont se moquaient les Troyens,
Je prédis, tu vas m'entendre :
Mes malheurs seront les tiens.
Gilles, trahissant ma flamme,
Dans les airs va voyager.....

COLOMBINE.

C'est ce qu'on peut, sur mon ame,
Nommer un amant léger.

Mlle. CASSANDRE.

Et si votre père avait répondu à Gilles quand il demandait votre main, par un *non* bien absolu......

COLOMBINE.

Mon père trouvait plus honnête d'exiger une fortune que Gilles ne pouvait pas acquérir.

Mlle. CASSANDRE.

Toujours la fortune ! Mon frère n'est-il pas assez riche ? Et puis son état ! maître d'école !... le seul qui soit dans tout Anières !...... cela devait lui suffire.

COLOMBINE.

Aussi, ce n'était qu'un prétexte pour éloigner Gilles......

Mlle. CASSANDRE.

Il ne l'a que trop éloigné, dont j'enrage ; et c'est pour trouver en Amérique cette fortune qu'on exige, qu'il s'en est allé là-haut.

COLOMBINE.

Ce n'est pas la bonne route.

AIR : *Daphné m'a fait la peinture.*

Cette bizarre déesse,
Habile à nous échapper,
Se dérobe avec adresse ;
Bien souvent elle se baisse,
Pour l'atteindre il faut ramper.

SCÈNE II.

LES PRÉCÉDENS, ARLEQUIN *au fond du théâtre.*

Où peut-elle être?...... ah ! te voilà ma petite femme.

COLOMBINE.

Oui, mon ami, *(souriant)* tu étais inquiet ?

ARLEQUIN.

Mais........

AIR : *Ah ! je sens qu'on est bien à plaindre.*

Pendant qu'on chantait mon bonheur
Et les dons qu'hymen me destine,
Aurais-je pu voir sans douleur,
Sans crainte et sans mauvaise humeur,

Disparaître ma Colombine ?
Ce n'est pas que je sois jaloux,
Mais l'Amour est un dieu si traître,
Et un jour de nôces, sur-tout,
Il est dur pour un pauvre époux,
De voir sa femme disparaître.

Mlle. CASSANDRE.

N'avais-je pas prédit qu'il serait......

ARLEQUIN.

Je ne serai jamais que ce que ma femme voudra.

COLOMBINE.

Ma disparution était bien excusable : ma tante nous a quittés avec un air chagrin, je l'ai suivie pour la consoler.

ARLEQUIN.

Pardon ma petite femme : mais qu'est-ce donc qui vous afflige Mlle. Cassandre ?

COLOMBINE.

C'est ce Gilles.

Mlle. CASSANDRE.

Hélas ! oui.......

ARLEQUIN.

Ce n'est pourtant pas trop la peine de se désoler...... Je ne l'ai jamais vu...... mais on dit qu'il est si bête.

Mlle. CASSANDRE.

N'importe, je l'aimais comme cela..... et je ne le verrai plus!

ARLEQUIN.

AIR : *Si l'on pouvait rompre la chaîne.*

Pourquoi désespérer d'avance
De revoir Gilles quelque jour?

COLOMBINE.

Espérez, puisque l'espérance
Seule, souvent, nourrit l'amour.

ARLEQUIN.

Quand on n'a plus rien à prétendre,
L'espérance est encore un bien.

COLOMBINE.

Le seul qu'on ne puisse nous prendre.

ARLEQUIN.

Et le seul qui ne coûte rien. (bis)

D'ailleurs Gilles ne tardera pas à revenir, car il a pris le moyen le plus prompt pour s'enrichir.

Mlle. CASSANDRE.

Vous croyez?

ARLEQUIN.

Assurément.

AIR : *Souvenez vous en.*

On fait fortune en vendant,
On la fait en demandant,
On la fait en empruntant,
En agiotant,
Ou bien en flattant ;
Mais un moyen excellent,
C'est de la faire en volant.

Mlle. CASSANDRE.

Mais quand il sera riche, il m'aimera peut-être encore moins...... Ah ! mon dieu, mon dieu !

ARLEQUIN.

Vous aurez le tems de vous désoler quand vous en aurez la certitude, ou quand vous saurez qu'il est resté en route avec toute la flotte......

COLOMBINE.

Sans doute.

ARLEQUIN.

AIR : *Servantes quittez vos paniers.*

Attendez que ces barques-là
Soient là-bas parvenues,
Puis attendez, après cela,
Qu'elles soient revenues ;
Alors, si Gille a réussi,

Il ne sera pas, dieu merci,
Le premier butor enrichi
Qui tombera des nues.

Mlle. CASSANDRE.

Vous me flattez.

ARLEQUIN.

Venez danser...... cela vous amusera.

Mlle. CASSANDRE.

Je me suis prédit que je ne danserais plus qu'à ma nôce.

SCÈNE III.

LES PRÉCÉDENS, CASSANDRE *gris, tenant une bouteille*

(Mlle. Cassandre s'assied sur un banc et tire des cartes.)

CASSANDRE.

Ma sœur...... ma fille...... et vous mon gendre..... est-ce donc ainsi que l'on se comporte? quitter la table au moment de prendre le café! bel exemple que vous donnez aux jeunes gens d'Anières dont l'éducation m'est confiée.. bel exemple en vérité!

ARLEQUIN.

Vous réparez cela par le vôtre, beau-père.

CASSANDRE.

Vous ne savez pas vivre je crois.... moi je me conduis plus décamment, voyez....

AIR : *Fidèle époux.*

Je tâte du premier service,
Et je tâte encor du second ;
Aucun plat ne rentre à l'office,
Que je ne l'examine à fond.

ARLEQUIN.

Pour bien juger, c'est à merveilles ;
C'est ainsi que les sages font :
Les plats, les hommes, les bouteilles,
Il faut toujours en voir le fond.

CASSANDRE.

Et puis madame Orphise qui a décidé elle-même ton mariage, qui a bien voulu que les nôces de sa filleule et de son jardinier se fissent dans son parc ; qui nous a donné ces vins délicieux qui m'ont pénétré pour elle de la plus vive reconnaissance, madame Orphise qui prépare pour ce soir la mascarade, où votre père lui-même veut bien consentir à figurer, et qui devait venir en domino, assister au dessert avec son petit cousin, madame Orphise ne nous trouvera plus à table.— Moi plutôt que de manquer à la politesse, je l'aurais attendue là jusqu'à demain, et cela, mes enfans, parce que j'ai toujours marché droit dans le sentier de la civilité, parce que je ne tombe jamais dans aucun écart.... parce qu'enfin..... vous m'entendez.

ARLEQUIN.

Comme vous-même, beau-pére.

CASSANDRE.

D'ailleurs cette absence, cette fuite, cette évasion.... évasion voilà le mot; — cette évasion de deux époux donne lieu à des préventions, à des soupçons, à des réflexions, à des suppositions, — et un jour de noces, les convives ne se font pas prier pour en dire de belles : et les questions des jeunes garçons, et celles des jeunes filles.

AIR : *Voilà mon cousin.*

Où donc est Arlequin,
Mon cousin?
Où donc est Colombine?

Que

Que fait donc Arlequin,
Mon voisin?
Que fait donc Colombine,
Mon cousin?
Puis chaque garçon voudrait être Arlequin,
Chaque fille, Colombine.

ARLEQUIN.

Il fallait leur dire que nous étions avec notre tante et qu'assurément....

CASSANDRE.

Ah! ma sœur! la voilà plongée dans des méditations....

Mlle. CASSANDRE.

Oui.

CASSANDRE.

Vous lisiez dans l'avenir, je gage.

Mlle. CASSANDRE.

Dans les cieux, mon frère.

CASSANDRE.

Vous cherchez Gilles parmi les constellations.

Mlle. CASSANDRE.

Parmi les constellations!

CASSANDRE.

Pourquoi pas?

AIR : *Trouver le bonheur en famille.*

Vous n'ignorez pas qu'un savant
A toujours de grandes idées,
Que les belles ames, souvent,
D'un noble espoir sont possédées;
Sans songer qu'un pareil séjour
L'expose aux plus affreux désastres,
Peut-être veut-il, à son tour,
Se placer au nombre des astres.

ARLEQUIN.

Croyez-vous qu'il ait des pensées aussi élevées ?

CASSANDRE.

Cela est si simple.

AIR : *Lorsque vous verrez un amant.*

Si Gille, en arrivant là haut,
D'y rester a la noble audace,
Au milieu des astres, il faut
D'avance désigner sa place :

ARLEQUIN.

Ma foi, dans ce poste nouveau,
Il faudra, je crois, qu'il se borne
A se placer loin du taureau,
Et tout proche du capricorne.

Mlle. CASSANDRE.

Hélas! en m'épousant, il évitait cela.

COLOMBINE.

Mais enfin,

AIR : *Sur son sopha, dans son boudoir.*

Où le mettrons-nous sur la sphère,
Si, là haut, il se trouve bien.

ARLEQUIN.

Mon Dieu, ne vous occupez pas de cela,
Le ciel n'est pas comme la terre,
Pourvu qu'on y soit, on est bien.

(Tous répètent les deux derniers vers.)

Mlle. CASSANDRE.

AIR : *Il faut de la santé pour deux.*

Mais, n'est-ce pas une folie
Que d'employer, de but en blanc,
Pour étendre l'astronomie.
Un observatoire volant?

ARLEQUIN.

Ma tante, malgré vos sornettes,
Peut-être ce savant hardi
S'élève pour voir, sans lunettes,
Des étoiles en plein midi.

CASSANDRE.

Mon gendre, point de plaisanteries, je vous prie?

AIR : *De la croisée.*

Faites trève à tous ces propos
Que l'a saine raison condamne :
Socrate riait des bons mots
Que lui lançait Aristophane :
Vainement on l'apostrophait ;
Du public bravant les huées,
Le grand homme philosophait
Au milieu des nuées.

ARLEQUIN.

Voilà pourquoi tant d'autres raisonnent au milieu des brouillards.

(On entend des violons s'accorder.)

CASSANDRE.

Toujours malin. Les violons nous appelent.. c'est aux mariés d'ouvrir le bal.

ARLEQUIN

Sans doute. Allons ma petite femme.

(Arlequin et Colombine sortent.)

CASSANDRE.

Allons ma sœur.

Mlle. CASSANDRE.

Non vous dis-je, mon frère : je rentre chez moi : je veux savoir absolument ce que deviendra Gilles.

CASSANDRE.

Eh! comment le saurez-vous, s'il vous plaît.

Mlle. CASSANDRE.

Par mes cartes : elles ne m'ont jamais trompée. *(elle sort.)*

SCÈNE IV.

CASSANDRE, ORPHISE, DERVAL.

ORPHISE *à Derval.*

Allons du moins nous y promener un moment ; je l'ai promis,

CASSANDRE.

Oh mon dieu ! madame Orphise.... Pardonnez, madame : ces jeunes gens sont si étourdis.... mais nous allons nous remettre à table....

ORPHISE.

Oh ! cela n'est pas nécessaire.

CASSANDRE.

En ce cas je vais aussi prendre mon habit de caractère.

DERVAL.

Lequel ?

CASSANDRE.

Celui que je portais lorsque je fis mes premières armes, avec mes ci-devant confrères, les illustres professeurs d'Anières. *(il sort.)*

SCÈNE V.

ORPHISE, DERVAL.

DERVAL.

Eh! quoi, ma cousine, vous irez voir sauter ces gens-là.

ORPHISE.

Il le faut bien; c'est moi qui les marie : mais cela me pèse horriblement.

DERVAL.

Rien de plus triste que cette grosse gaîté.

AIR *Du pas redoublé.*

Un petit bal tout villageois
N'a rien qui me séduise ;
Le son du fifre et du hautbois
Toujours me tyrannise.
Rien de champêtre en ce pays
Ne peut se reconnaître :
On ne voit pas hors de Paris
Un bal vraiment champêtre.

ORPHISE.

Vous avez bien raison.

DERVAL.

Aussi pourquoi venir à la campagne aujourd'hui?.... Tivoli aurait été charmant le jour du départ....

ORPHISE.

Ah! ne me parlez pas de cela. Cest un beau plaisir, en vérité, que de voir des hommes comme ceux-là, s'exposer à périr pour amuser les oisifs.

AIR *de la fanfare de Saint-Cloud.*

Combien il faut de courage
Pour voyager en plein vent!
Où l'on va, dans ce voyage,
On n'arrive pas souvent;
Ou si, par hazard, la barque,
Dans la Seine fait un saut,
En vain par air on s'embarque,
On peut arriver par eau.

DERVAL.

Mais on a du moins le plaisir de faire parler de soi.

ORPHISE.

Pour moi, je ne puis voir une ascension

pareille, sans avoir des vapeurs.... et c'est pour cela que j'ai choisi le jour de leur départ pour le mariage de ma filleule et de mon jardinier.

(*Les ménétriers montent à l'orchestre.*)

DERVAL.

Et pour me procurer le plaisir de danser à cette nôce ?

ORPHISE.

Si l'envie vous en prend.

DERVAL.

Non vraiment.

UN MÉNÉTRIER.

Le postillon par Calais.

DERVAL.

Si c'était à Tivoli, passe.... mais ici....

AIR *du postillon de Calais.*

A quoi sert la grace et l'art de bien danser,
Chez des villageois qui savent s'en passer.
Moi, sur mon honneur, je ne sais que penser
D'un sot qui s'amuse, et ne sait pas valser.

ORPHISE.

Sautant,
Bondissant,
Tous ces lourds paysans
Ne dansent jamais sans chanter, boire et rire.

DERVAL.

Celà ne sait point faire un pas de Zéphire,

ORPHISE

Et celà s'amuse !.... Ils sont vraiment plaisans.

Ensemble.

A quoi sert la grâce et l'art de bien danser,
Chez des villageois qui savent s'en passer.
Moi, sur mon honneur, je ne sais que penser
D'un sot qui s'amuse, et ne sait pas valser.

DERVAL.

Parlez-moi de l'Elysée.

UN MÉNÉTRIER.

Le Zéphir.

DERVAL.

Là du moins....

AIR *de la contredance du Zéphyr.*

Vos traits,
Vos attraits,
Les bosquets,
Les bouquets,
Les quinquets,
A la nuit,
Tout séduit,
Éblouit.
Les feux
De ces lieux,

Joints à ceux
De vos yeux,
font jaillir
Le desir,
Le plaisir.

La belle
Rebelle
Voit-elle
Près d'elle
Le berger
fidèle
Qui veut l'engager,
Son ame
S'enflamme ;
La bonne,
Friponne,
Sourit
Et pardonne
A l'amant qui lui dit :

Vos traits,
Vos attraits, etc.

Valse charmante,
Où d'une amante
Ma main tremblante
Presse les appas !
Quand je tiens ses bras
Délicats,

Chaque pas
N'est-il pas
Précurseur
Du bonheur.

Vos traits,
Vos attraits,
Les bosquets,
Les bouquets,
Les quinquets,
A la nuit,
Tout séduit,
Éblouit.
Les feux
De ces lieux,
Joints à ceux
De vos yeux,
Font jaillir
Le desir,
Le plaisir.

ORPHISE.

Vous êtes flatteur.

UN MÉNÉTRIER.

La monaco.

SCÈNE VI.

LES PRÉCÉDENS, ARLEQUIN.

ARLEQUIN, *montant à l'orchestre.*

Comment! vous ne savez pas la figure de la monaco.

DERVAL.

Les ignorans !

ARLEQUIN.

La chaîne anglaise; allons partez. (*Le mineur de la Monaco. Il paraît un ballon, Arlequin l'apperçoit, il saute en bas de l'orchestre.*) Ah ! c'est un ballon..... il descend..... eh ! eh ! eh! (*Il le chasse avec son chapeau.*)

AIR *de la Monaco.*

Monsieur le ballon
Allez tomber de grace,
Monsieur le ballon,
Dans le prochain vallon.
Pour vous divertir,
Vous avez de l'espace;
Pourquoi donc venir
Troubler notre plaisir.

ORPHISE.

D'honneur
J'ai peur.

DERVAL.

Montrez donc plus de cœur,
Voyons ce voyageur.

ORPHISE.

Non; la frayeur me glâce.

DERVAL.

Il vient en bas;
Allons, ne craignez pas.

ORPHISE.

Suivez plutôt mes pas:
Nous le verrons de là-bas.

(*Ils sortent précipitamment.*)

SCÈNE VII.

ARLEQUIN, *seul.*

(*Reprise.*)

Monsieur le ballon
Allez tomber de grace, etc.

(*Le ballon traverse le théâtre et va du côté de la danse. Arlequin jette son chapeau avec colère.*)

La peste soit de moi.... on plutôt du maudit ballon..... Ce coquin-là..... il va tomber à droite, quand je le soufflais à gauche...... justement là sur la danse.... ils vont avoir une peur..... ils n'en ont jamais vu.

(*On entend un cri général. Une partie de la danse traverse le théâtre d'un air effrayé. Colombine passe la dernière; Arlequin l'apperçoit et la suit en disant:*)

Ne craint rien, ma petite femme, ne crains rien.

SCÈNE VIII.

GILLES, *seul, vêtu d'une tunique de taffetas gommé.*

Eh! eh! mes amis.... Ils courrent encore... qu'est-ce donc que ces Américains?.... comme ils s'enfuient! Il faut que ce soient des Sauvages.... c'est égal.... je suis sûr de mon fait, et me voilà arrivé en Amérique. Reposons-nous un peu.... on a bien raison de vanter la vîtesse des ballons.... je gage que je n'ai pas été vingt minutes... oh! ce n'est pas étonnant.

AIR : *Tout roule aujourd'hui.*

D'abord j'étais loin de la terre,
Tandis qu'elle tournait là-bas,
Puis le vent n'était pas contraire,
Et je ne lui résistais pas.
Contre le vent, tel qui s'essouffle,
Ne peut jamais aller grand train ;
Mais, quand on suit le vent qui souffle,
On fait bien vîte son chemin.

Je suis arrivé avant la flotte; ils me prendront sans peine ici pour mon maître.

AIR *d'Arlequin afficheur.*

Je pourrai jouer, à-la-fois,
L'aéronaute et l'astronome.
C'est un plaisir bien doux, je crois,
Que de passer pour un grand homme.
Rien qu'en parlant, dans ce pays,
Je remplirai mon double rôle :
J'en ai tant vu, même à Paris,
Qu'on croyait sur parole.

Oh! avec cette réputation, je suis bien sûr de m'enrichir promptement en Amérique, et je repars, avant l'arrivée de la flotte, pour aller en France épouser Mlle. Colombine qui m'attend : allons, apprêtons-nous à bien mentir; hé, puis d'ailleurs, mon habit.... allez donc reconnaître un Gilles sous un habit impénétrable.

SCÈNE IX.

ARLEQUIN, GILLES.

ARLEQUIN.

Voilà Colombine un peu rassurée, voyons maintenant ce que c'est.

GILLES.

Bon, voici un négre qui m'instruira.

ARLEQUIN.

Est-ce un des savans ou bien Gilles. (*Il le salue; Gilles prend l'air important.*) Il a l'air un peu insolent; oh! ce doit être.... oui, oui, ce doit être Gilles.

GILLES.

Comment nommes-tu cette île?

ARLEQUIN.

Cette île?

GILLES.

Oui. Dans quelle région de l'Amérique?

ARLEQUIN

ARLEQUIN, (*à part.*)

Il se croit en Amérique..., c'est Gilles, il faut s'en amuser. (*haut, d'un air respectueux.*) Grand astronome....

GILLES, (*à part.*)

Il me prend pour mon maître. (*haut.*) Très-grand astronome..... et très-grand physicien.

ARLEQUIN.

Vous devez être bien fatigué.

GILLES.

J'ai fait deux mille lieues en vingt minutes.

ARLEQUIN.

Ah! mon Dieu! vous avez dû voir bien des choses.

GILLES, (*à part.*)

Je puis dire tout ce que je voudrai à ce pauvre diable. (*haut.*) Oui, j'ai vu de fort belles choses.

AIR : *Voyage, voyage.*

D'abord, c'est la butte Montmartre
Que je vis en quittant Paris ;
Ensuite les clochers de Chartres
S'offrirent à mes yeux surpris.

Changeant toujours de place,
J'ai vu le mont Parnasse,
J'ai vu le mont Bernard,
Le mont Gothard.
Oui, sur cette machine ronde,
En un rien, tout devient nouveau :
Là, c'est un côteau,
Plus loin un ruisseau.
On voit un château,
Ensuite un vaisseau,
Puis vient un hameau,
Puis un amas d'eau.
Côteau,
Ruisseau,
Château,
Vaisseau :
Le monde, le monde
Vu de loin, est bien beau.

A ma place, une ame commune
Aurait eu bien peur, je le crois;
J'ai vu le soleil et la lune,
Nez à nez, comme je te vois ;
J'ai vu dans les nuages
Des foudres, des orages,
La pluie et le beau tems,
Et puis les vents.
Puis, de ma course vagabonde,

En me rabattant vers ces lieux,
D'un air dédaigneux,
J'ai fermé les yeux;
J'étais tout honteux
De quitter les cieux:
Car, tu m'entends bien,
De loin quand on vient,
Eh bien!

ARLEQUIN.

Eh bien!

GILLES.

Eh bien,
Eh bien!
Le monde, le monde
Vu de près n'est plus rien.

ARLEQUIN.

Ma foi, moi qui ne suis pas allé si haut que vous, j'ai vu en l'air, des choses tout aussi curieuses.

GILLES.

En l'air?

ARLEQUIN.

Oui vraiment en l'air:

AIR: *Babet pour entrer en ménage.*

J'ai vu des promesses fort belles,
Des mémoires et des projets;
Force découvertes nouvelles,
Grand nombre de brillans essais,

Jeux où chacun était sans perte,
Confiance en chaque dessein,
Bonheur sans fin,
Coffre bien plein,
Ami bien cher
Et protecteur peu fier :

GILLES.

Ah ! quelle bonne découverte.
Où cela se voit-il ?

ARLEQUIN.

En l'air.

Ce n'est pas tout.

AIR *de la pipe de tabac.*

J'ai vu des châteaux très-solides
Que l'on avait bâtis en l'air ;
Des beautés sages et timides
Qui faisaient des sermens en l'air.
J'ai vu de célèbres poètes
Que Pégase laissait en l'air,
Et beaucoup d'auteurs de gazettes
Qui faisaient des contes en l'air.

GILLES.

Oui, j'ai bien apperçu quelque chose comme cela ; mais je ne m'occupe guères de ces bagatelles.

ARLEQUIN.

(*A part.*) Il me vient une idée ; oui, oui, ma tante Cassandre m'en tiendra compte.

(*Haut.*) Oserai-je, docteur, vous faire une question?

GILLES.

La quelle?

ARLEQUIN.

Auriez-vous du goût pour la fortune et pour le mariage?

GILLES.

Oh! pour la fortrne, d'abord; et comme tu me parais un garçon intelligent, tu m'aideras à faire ma pacotille.

ARLEQUIN.

Votre pacotille?

GILLES.

Sans doute, pour mon retour en France.

AIR *de Calpigi*

Si dieu permet que j'y revienne,
J'emporte un magasin d'indienne,
Nankin,
Pékin,
Louviers, Cadix,
Toutes étoffes du pays.
Je rapporterai d'Amerique
De vin de Chypre une barrique....

ARLEQUIN.

Ce vin, avant d'être apporté,
Pourrait fort bien être éventé.

Mais tout cela ne vous sera pas nécessaire. Un bon mariage, dans ce pays, peut vous enrichir sans tant d'embarras. : le plus riche parti du canton n'attend qu'un savant digne de fixer son choix.

GILLES, (*à part.*)

Fort bien ; je laisse la femme, je prends la dot, et à l'aide de mon ballon, je vole en France épouser ma Colombine. (*Haut.*) C'est une affaire arrangée ; j'épouse.

SCENE X.

LES PRÉCÉDENS, CASSANDRE, *toujours gris, et déguisé en frère ignorantin.*

CASSANDRE.

Allons ! allons ! tout est prêt.... me voilà moi.

ARLEQUIN.

Oh diable ! voilà mon beau père qui va tout gâter ; mais profitons de son déguisement. (*Haut.*) voici le plus illustre de nos professeurs qui vient au devant de vous.

GILLES.

Un professeur !

ARLEQUIN.

Saluez-vous, grands hommes.

CASSANDRE, (*en se relevant.*)

Ah ! ah !

GILLES, (*de même.*)

Oh ! oh !

ARLEQUIN.

Qu'est-ce donc ?

GILLES.

C'est étonnant comme votre professeur ressemble à certain vieux imbécille.....

ARLEQUIN.

Allons donc ! et sa robe !

CASSANDRE.

C'est singulier comme ton savant a l'air de ce sot.....

ARLEQUIN.

Allons donc ! et son ballon !

ARLEQUIN.

Je vous le donne pour le plus habile homme du pays.

GILLES.

Oh ! ce n'est pas lui.

ARLEQUIN.

Illustre docteur, vous voyez devant vous un des hommes les plus distingués de Paris.

CASSANDRE

Quoi ce savant qui.....

GILLES.

Lui-même, et cependant nous avons été sur le point de nous prendre réciproquement pour deux imbécilles.

ARLEQUIN.

Mais maintenant, vous vous entendez à merveilles, et vous pouvez jaser à votre aise. (*A part.*) Allons avertir ma tante Cassandre.

(*Il sort.*)

SCÈNE XI.

CASSANDRE, GILLES.

CASSANDRE.

Diantre !...... il nous laisse seuls !

GILLES.

Ce vieux docteur parait embarassé, bon !

CASSANDRE, *se remettant.*

Hum! hum!..... monsieur le savant.

GILLES.

Monsieur mon confrère.

CASSANDRE,

AIR: *De la Soirée orageuse.*

Là haut avez-vous bien trouvé
De ces docteurs qu'on porte aux nues?

GILLES.

Ma foi, quoique très-élevé,
Je n'ai rencontré que des grues.

CASSANDRE.

Chez nous, cela se voit ainsi:
S'écartant des communes règles,
Ces oiseaux-là, mon cher ami,
Volent aussi bien que des aigles.

CASSANDRE.

Vous avez traversé les nuages?

GILLES.

Sans contredit.

CASSANDRE.

Et vous avez probablement vu.....

GILLES.

Ah! tenez......

AIR : *C'est la petite Thérèze.*

Pour rien voir
Dans mon voyage,
J'ai trouvé le ciel trop noir.

CASSANDRE.

En ce cas, permettez......
Quand vous perciez un nuage,
Chez nous il devait pleuvoir :
Cependant pas une goutte....

GILLES.

C'est facile à concevoir :

(Après avoir un peu cherché.)

J'ai laissé la pluie en route,
Elle arrivera ce soir.

CASSANDRE.

Je conçois....

GILLES.

C'est heureux.

(On entend chanter, en chœur, la fin de l'air :)

Il a fait un voyage,
Il a fait un voyage.

CASSANDRE.

Ah ! voilà du monde.

GILLES.

Voilà du monde.

SCÈNE XII et dernière.

LER PRÉCÉDENS, ARLEQUIN, *suivi de Colombine, de Mlle. Cassandre, d'Orphise, de Derval et de tous les ménétriers de la nôce.*

ARLEQUIN.

Ce sont les Américains, en masse, qui viennent rendre hommage à la perle des savans! (*bas,*) et vous allez voir votre future.

GILLES.

C'est le moment de se montrer.

AIR : *Ah! monseigneur.*

Je me suis pour vous, mes amis,
Chargé de billets d'un grand prix :
Les gens qui vous les ont écrits
Ont cru, n'en soyez point surpris,
Qu'i s seraient, par moi, mieux servis
Que par la poste de Paris.

TOUS.

Voyons, voyons.

GILLES.

La première lettre est pour le chymiste Dercourt.

ARLEQUIN, *(prenant la lettre.)*

Oui, pour le chymiste.

AIR : *Cet arbre apporté de Provence.*

Elle est d'un auteur à la mode,
Qui chaque mois fait un roman ;
Il lui demande une méthode
D'analyser le sentiment.
Ses alambics seront utiles
Pour y passer maint gros écrit
Où nos chimistes, quoiqu'habiles,
N'ont jamais pu trouver d'esprit.

Ah ! mon Dieu, en voilà beaucoup !

GILLES.

Elles sont pourtant écrites toutes, à des savans, par d'autres savans de mes amis.

AIR : *Mon père était pot.*

La plus mince est d'un professeur,

ARLEQUIN.

Elle est pour un notaire.

GILLES.

Cette autre vient d'un fournisseur,

ARLEQUIN.

Elle est pour un corsaire !

GILLES.

Ce paquet est bon,
Il vient du Perron....

ARLEQUIN.

Et vous devez l'en croire ;
Car, de cet endroit,
Maint Savant adroit
Fait son observatoire.

ORPHISE.

AIR : *L'avez-vous vu ?*

S'est-il froissé ?

DERVAL.

S'est-il blessé ?

ENSEMBLE.

Le grand aéronaute ?

ORPHISE.

A-t-il sauté ?

DERVAL.

Ou culbuté ?

ENSEMBLE.

Quel est ce nouvel hôte ?

ORPHISE.

Vient-il de près ?

DERVAL.

Vient-il de loin ?

ORPHISE.

S'il ment, quel sera son témoin ?

GILLES.

(*Bas.*) Elle n'est pas mal.

C'est à Paris
Que j'entrepris
Ce trajet difficile ;
Je suis pourtant
Fort bien portant,

DERVAL.

Et vous vous nommez? .....

Mlle. CASSANDRE, *le prenant au collet.*

Gilles.

GILLES.

Ce n'est pas vrai.

COLOMBINE, *de même.*

Et vous vous nommez Gilles.

LE CHŒUR.

Et vous vous nommez Gilles.

GILLES.

Quoi, toute la famille des Cassandres !

ARLEQUIN.

Augmentée ; — vous voyez le mari de Colombine.

GILLES.

Quoi ?

ARLEQUIN.

Oui, c'est ma petite femme.

Mlle. CASSANDRE.

Et voici la tienne, traître.

GILLES.

Comment êtes-vous donc tous arrivés en Amérique?

Mlle. CASSANDRE.

Mais dis-nous plutôt comment tu n'es qu'à Anières, toi?

GILLES.

Ah! mon Dieu..... et la flotte.... adieu.

ARLEQUIN.

Elle est partie.... l'heure est passée....

CASSANDRE.

Elle est même arrivée.

AIR : *De la Fanfare de Saint-Cloud.*

Par un habile Pilotte
L'équipage était mené :
Aussi, mon cher, de la flotte
Le voyage est terminé.
Frisant le Pôle Antarctique,
Le Brésil .... ou le Pérou,
Au milieu de l'Amérique
Elle a pris terre à Saint-Cloud.

GILLES.

Tout me manque à la fois.

Mlle. CASSANDRE.

Mais je te reste, et j'avais bien prédit que je serais ta femme.

GILLES.

Oiseau de Mauvais augure!

ORPHISE.

Gilles, il faut faire ce mariage, et je te prends pour garçon jardinier.

DERVAL.

Oui, pour te rattacher à la terre.

VAUDEVILLE.

AIR: *Du Vaudeville de l'Opéra-Comique.*

Mlle. CASSANDRE.

A la fortune, à des appas,
Si tu préfères la constance;
Je ne te conseillerais pas
De chercher une femme en France.
Veux-tu pourtant, sans aller loin,
Être époux d'une femme unique?
Pour l'être, tu n'as pas besoin
D'aller en Amérique.

ARLEQUIN.

Pour voir des tendrons ingénus
Oubliant un peu la décence,
S'habiller pour paraître nus,
Il ne faut pas quitter la France;

Mais pour voir le sexe innocent
Des vertus suivre la pratique,
Amis, serait-il suffisant
D'aller en Amérique ?

COLOMBINE.

Pour voir de jeunes étourdis
Pleins d'orgueil et de suffisance,
Point amoureux, mais bien hardis,
Il ne faut pas quitter la France ;
Mais pour voir un amant discret
Qui de fidélité se pique,
Je ne sais pas s'il suffirait
D'aller en Amérique.

GILLES *au Public.*

Si le Public daigne aujourd'hui
M'accueillir avec indulgence,
Désormais fort de son appui,
Je consens à rester en France.
Mais ce soir, si j'y rencontrais
Ou la cabale ou la critique,
Quoiqu'a regret je partirais
Vîte pour l'Amérique.

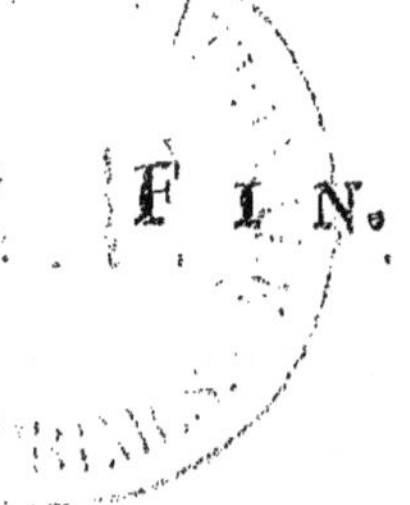

FIN.

www.ingramcontent.com/pod-product-compliance
Lightning Source LLC
LaVergne TN
LVHW020627110826
845149LV00004B/1071

* 9 7 8 2 0 1 9 2 0 4 4 6 4 *